VENTE DU MARDI 26 JANVIER 1886

HOTEL DROUOT, SALLE N° 8

ÉTOFFES & BRODERIES

TAPISSERIES

OBJETS VARIÉS

EXPOSITION PUBLIQUE

LE LUNDI 25 JANVIER 1886

COMMISSAIRE-PRISEUR	EXPERT
Mᵉ PAUL CHEVALLIER	**M. CHARLES MANNHEIM**
10, rue Grange-Batelière.	7, rue Saint-Georges.

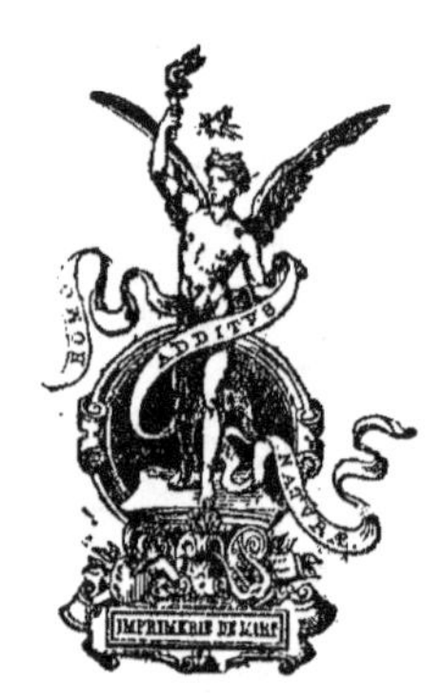

IMPRIMERIE DE MAME

CATALOGUE

DES

ÉTOFFES ET BRODERIES

ANCIENNES

Des XVIᵉ, XVIIᵉ et XVIIIᵉ siècles

TAPISSERIES

GOTHIQUES ET DE LA RENAISSANCE

Meubles en bois sculpté — Plats hispano-moresques

OBJETS VARIÉS

DONT LA VENTE AURA LIEU

HOTEL DROUOT, SALLE Nᵒ 8

Le Mardi 26 Janvier 1886

A DEUX HEURES

———

Par le Ministère de Mᵉ Paul CHEVALLIER, commissaire-priseur
10, rue de la Grange-Batelière, 10

Assisté de M. Charles MANNHEIM, expert
7, rue Saint-Georges, 7

———

EXPOSITION PUBLIQUE : Le Lundi 25 Janvier 1886
DE 1 HEURE A 5 HEURES

CONDITIONS DE LA VENTE

Elle sera faite au comptant.

Les acquéreurs payeront en sus des enchères *cinq pour cent*, applicables aux frais.

L'exposition mettant le public à même de se rendre compte de l'état des objets, il ne sera admis aucune réclamation une fois l'adjudication prononcée.

Paris. — Imp. de l'Art. E. MÉNARD et J. AUGRY
41, rue de la Victoire, 41

DÉSIGNATION DES OBJETS

ÉTOFFES & BRODERIES

1 — Deux bandes application Renaissance sur velours rouge.

2 — Quatre bandes application Louis XIV; tour de lit.

3 — Morceau de velours rouge oriental avec plaques d'argent rapportées.

4 — Deux dalmatiques du xvıᵉ siècle, en damas jaune et vert.

5 — Neuf chapes de damas rouge. Ép. Louis XIII.

6 — Chasuble du xvıᵉ siècle en velours bouclé et orfrois brodés.

7 — Deux chasubles du xvie siècle, en tissu bouclé et orfrois brodés.

8 — Devant d'autel en velours rouge et broderies or du xvie siècle.

9 — Une chape et une chasuble en satin blanc brodé or, du temps de Henri II.

10 — Deux dalmatiques en velours rouge brodé du xvie siècle, sur fond brocatelle.

11 — Une chape et une chasuble en velours rouge brodé du xvie siècle, sur fond brocatelle.

12 — Huit morceaux carrés, broderies vertes et rouges. xvie siècle.

13 — Trois carrés, broderies rouges et vertes avec écussons. xvie siècle.

14 — Quatre carrés, velours rouge à cartouches. xvie siècle.

15 — Chasuble en brocart Louis XIV, fond bleu et rose.

16 — Bande broderie or sur velours rouge.

17 — Deux chasubles en satin rose brodé.

18 — Chape velours rouge et orfrois brodés. xviᵉ siècle.

19 — Chasuble brocart Louis XIV.

20 — Une chape, deux dalmatiques, une chasuble et un morceau de lampas. Époque Louis XIV.

21 — Six mètres, bandes velours rouge et jaune. xviᵉ siècle.

22 — Trois dalmatiques, une chape et une chasuble fond crème et fond vert. xviᵉ siècle.

23 — Une chape et deux dalmatiques.

24 — Chasuble en damas rouge avec bande brodée. xviᵉ siècle.

25 — Chasuble velours rouge avec bande brodée sur fond vert. xviᵉ siècle.

26 — Deux dalmatiques et une chasuble, broderies sur velours rouge rayé.

27 — Deux dalmatiques velours vert brodé et damas rouge. XVIe siècle.

28 — Deux dalmatiques velours vert et drap d'or. XVIe siècle.

29 — Devant d'autel en damas blanc brodé, avec petits vases.

3o — Devant d'autel, broderies sur toile.

3 1 — Douze mètres bordures Renaissance sur velours rouge.

32 — Tapis, broderies crème sur fond havane.

33 — Grand tapis en velours rouge avec armoiries.

34 — Chape velours rouge, bandes et chaperons brodés en or et couleurs.

35 — Devant d'autel brodé or sur satin, et portant des armoiries. XVIe siècle.

36 — Deux coussins en velours oriental.

37 — Tapis velours avec inscriptions arabes brodées
en or.

38 — Deux coussins de velours, fond crème et rouge.

39 — Deux coussins, velours oriental.

40 — Dix mètres de damas vert Louis XIV.

41 — Quatre chasubles, un devant d'autel brodé et
une chape en brocart. xvie siècle.

42 — Chasuble à fond vert et bleu. Ép. Louis XV.

43 — Chasuble en brocart crème. Ép. Louis XIV.

44 — Tapis brocart d'or et rouge. xvie siècle.

45 — Six mètres soierie Louis XVI, fond crème et
fond bleu.

46 — Devant d'autel, broderie du xvie siècle, violet
et jaune.

47 — Broderie au passé, à figures et dessins variés.

48 — Jupe soierie Louis XV, satin bleu.

49 — Trois bandes Renaissance, fond velours bleu.

5o — Deux petits tapis, velours oriental.

5ı à 53 — Six coussins velours. (Ce lot sera divisé.

54 — Deux devants d'autel en brocart Louis XIV, fond violet et fond crème.

55 — Petit tapis jaspé et tapis brodé au petit point, du temps de Henri II.

56 — Bande de cheminée avec sa frange Renaissance, broderies sur velours rouge.

57 — Deux bandes Renaissance, broderies jaunes sur velours vert.

58 — Bande Renaissance, velours rouge brodé or avec médaillons. — Long., 3 mètres.

59 — Dalmatique or, avec fleurs bleues et vertes.

60 — Grand tapis velours violet, portant l'écusson d'un cardinal.

61 — Deux bandes Renaissance brodées or sur satin et médaillons.

62 — Tapis Renaissance à petit dessin, jaune, vert et or.

63 — Grand tapis persan, à fond jaune et bleu.

64 — Morceau brodé au point de Hongrie.

65 — Quatre carrés en satin rouge brodés d'or. xvie siècle.

66 — Environ trente mètres damas de soie rouge. Époque Louis XIV.

67 — Deux broderies or et soie. Époque Louis XIV.

68 — Huit carrés formant tapis du xvie siècle, sur fond crème.

69 — Tapis du xvɪᵉ siècle, sur fond crème.

70 — Chasuble en brocart à fond rose. Louis XV.

71 — Lot de velours rouge du xvɪᵉ siècle, ton sur ton.

72 — Tapis rond brodé sur damas rouge.

73 — Tapis, velours crème et rose. Louis XIII.

74 — Chape en damas violet. xvɪᵉ siècle.

75 — Morceau de velours de Gênes, vert et or. xvɪᵉ siècle.

76 — Chasuble en velours violet, fond or. xvɪᵉ siècle.

77 — Deux chasubles, une en brocatelle verte, l'autre en brocart or et rouge. xvɪᵉ siècle.

78 — Chasuble, velours violet, fond jaune. xvɪᵉ siècle.

79 — Chasuble, velours violet, fond gris. xvɪᵉ siècle.

80 — Chasuble, velours violet, fond or. xvɪᵉ siècle.

81 — Chasuble, broderies Louis XIV, sur satin
blanc.

82 — Bannière à double face, broderie sur fond
crème. xvie siècle.

83 — Tapis en velours. xvie siècle.

84 — Tapis en satin jaune brodé de noir, et bandeau
en velours rouge. Époque Louis XIV.

85 — Quatre mètres, bandes brodées Louis XIV.

86 — Vingt-trois mètres, bandes en brocatelle.
Louis XIII.

87 — Dix mètres et demi, bandes brodées au petit
point. Louis XIII.

88 — Deux dalmatiques, broderie or sur fond damas
crème. xvie siècle.

89 — Une chape et une chasuble, broderies or,
satin bleu sur fond damas blanc. xvie siècle.

90 — Tapis brodé au cordonnet, sur fond bleu pâle.
Louis XVI.

91 — Chasuble, broderies or sur satin rouge. XVIe siècle.

92 — Chape en damas rouge, brodée or. XVIe siècle.

93 — Trois mètres, broderies Louis XIV, à fond crème et formant bandeaux.

94 — Neuf mètres, application Louis XIV, havane et vert.

95 — Quatre mètres quarante, broderies, bandeaux du XVIe siècle, sur velours rouge.

96 — Devant d'autel en velours vert et bleu à rinceaux, brodé à écusson. XVIe siècle.

97 — Trois lambrequins à dessins, satin rose, appliqués sur velours noir. XVIe siècle.

98 — Deux portières, dessin rouge et jaune, fond satin crème.

99 — Deux carrés brodés or, sur velours rouge. XVIe siècle.

100 — Dessus de porte, brodé jais et or. Louis XIV.

TAPISSERIES

101 — Tapisserie à fond rouge, bordure animaux.

102 — Tapisserie Renaissance, grands personnages, sujet mythologique.

103 — Tapisserie Renaissance, perspective de jardin.

104 — Tapisserie du xvie siècle, paysage avec écusson au centre.

105 — Tapisserie Renaissance, à grands personnages, sans bordure.

106 — Tapisserie Renaissance, à gran ds personnages, bordure fruits et fleurs.

107 — Tapisserie Henri II.

108 — Autre tapisserie Henri II.

109 — Tapisserie Renaissance, armoiries. xvie siècle.

110 — Tapisserie Renaissance, armoiries. xvie siècle.

111 — Tapisserie, verdure gothique à feuilles de chardon.

112 — Tapisserie-portière, verdure gothique à feuilles de chardon.

113 — Très grande tapisserie du xve siècle, avec bordure.

BOIS SCULPTÉS

114 — Meuble Renaissance, sculpté et doré, avec porte à abattant garni de fers forgés, avec tiroirs à l'intérieur, et accompagné de son pied. (Genre Berugete.)

115 — Meuble, forme caisson, avec tiroir intérieur sculpté. Époque de la Renaissance.

116 — Un lot composé de neuf morceaux, bois sculpté. xvie siècle.

117 — Lit, bois sculpté et doré. Louis XVI.

118 — Quatre montants, bois sculpté. xvie siècle.

119 — Porte Renaissance, en bois de noyer sculpté.

120 — Porte Renaissance, en bois de noyer sculpté.

121 — Trois groupes en bois sculpté et doré. xvie siècle.

OBJETS VARIÉS

122 — Armure complète, garnie et dorée, avec son casque.

123 — Télescope du temps de Louis XV.

124 — Lustre Louis XIII.

125 à 131 — Sept plats en faïence hispano-moresque, à décor à reflets métalliques. (Ce lot sera divisé.)

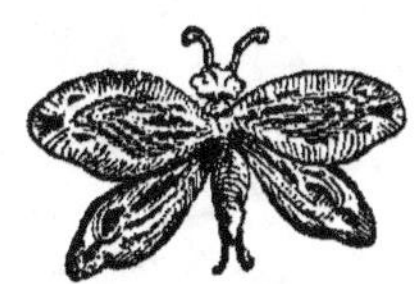